Vente du Mercredi 21 Février 1872

SALLE N° 2.

OBJETS DE LA PERSE

ARMES — ARMURES

CUIVRES GRAVÉS

TAPIS ET ÉTOFFES

EXPOSITION PUBLIQUE :

Le Mardi 20 *Février* 1872.

Mᵉ CHARLES PILLET
COMMISSAIRE-PRISEUR
10, rue de la Grange-Batelière.

M. CH. MANNHEIM
EXPERT,
7, rue Saint-Georges, 7.

CATALOGUE

D'UNE JOLIE COLLECTION

OBJETS DE LA PERSE

ARMES — ARMURES

BRONZES — CUIVRES GRAVÉS

OBJETS VARIÉS

TAPIS ET ÉTOFFES

DONT LA VENTE AURA LIEU

HOTEL DROUOT, Salle N° 2

Le Mercredi 21 Février 1872.

A. UNE HEURE ET DEMIE

Par le ministère de Me **CHARLES PILLET**, Commissaire-Priseur,
10, rue de la Grange-Batelière.

Assisté de M. **CHARLES MANNHEIM**, Expert,
7, rue St-Georges.

Chez lesquels se trouve le présent Catalogue.

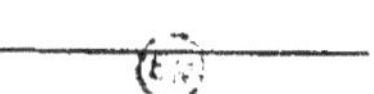

EXPOSITION PUBLIQUE :

Le Mardi 20 Février 1872, de une heure à cinq heures.

CONDITIONS DE LA VENTE

———

Elle sera faite au comptant.

Les adjudicataires payeront *cinq pour cent* en sus des enchères.

L'exposition mettant le public à même de se rendre compte de l'état des objets, il ne sera admis aucune réclamation une fois l'adjudication prononcée.

———

Paris. — Imp. PILLET fils aîné, rue des Grands-Augustins, 5.

DÉSIGNATION DES OBJETS

ARMURES ET ARMES

1 — Armure composée d'un casque à bombe sphérique, d'une rondache et d'un brassard en damas, damasquiné d'or avec inscriptions repercées à jour ; la rondache est enrichie d'une face saillante et les bossettes sont incrustées de turquoises.

2 — Autre armure composée d'un casque, d'un corselet à quatre plaques, d'un brassard et d'une rondache en damas damasquiné d'or avec large bordure d'ornements.

3 — Armure analogue à celle qui précède, celle-ci est enrichie d'ornements gravés.

4 — Autre armure analogue, décorée de médaillons gravés ; le corselet à cinq plaques est enrichi de faces saillantes.

5 — Armure composée d'un casque, d'un brassard et d'une rondache en damas damasquiné d'or.

6 — Deux pistolets circassiens en argent doré avec ornements niellés et canons et batteries damasquinés d'or.

7 — Amorçoir en cuivre jaune repercé à jour.

8 — Hache et masse d'armes en fer gravé, à fleurs, animaux et inscriptions.

9 — Kandjar avec poignée et lame en damas.

10 — Masse d'armes en acier damasquiné d'or. Travail persan.

11 — Yatagan, lame très-fine en damas, dont le dos porte les noms niellés des sept prophètes dormant, en langue persane et caractères arabes. Poignée et monture en argent entièrement niellé or et émail bleu. Fourreau en cuir noir gaufré.

12 — Poignard à lame courbe en damas, poignée en fer gravé, (combats d'animaux). Fourreau en cuir noir gaufré, avec bout en argent repoussé.

13 — Poignard droit, lame en damas ; manche en ivoire, orné de deux plaques en filigrane d'argent et grains de corail. Fourreau en cuir noir dont le haut est en damas damasquiné d'or et le bas en argent. Anneau et chaîne terminés par un gros grain de corail.

14 — Couteau à lame en damas incrustée d'or. Manche en dent de morse, fourreau en cuir noir.

15 — Petit poignard droit, lame en damas. Fourreau et manche couverts de peintures, fleurs sur fond d'or.

16 — Sabre à lame courbe en damas. Monture et garniture du fourreau en damas avec ornements d'or. Fourreau en cuir noir gaufré.

17 — Couteau à lame et manche en damas. Fourreau en vélin vert.

18 — Couteau à lame et manche en damas, avec ornements d'or. Fourreau en cuir noir.

19 — Grand couteau turc à lame droite damasquinée d'or. Manche en ivoire. Fourreau en cuir noir.

20 — Couteau de fabrique égyptienne, pour égorger les moutons destinés aux sacrifices, pendant le voyage des pèlerins à la Mecque. Lame évidée en acier ciselé au dos. Fourreau en cuir de plusieurs couleurs. Manche en bois noir.

21 — Couteau monténégrin. Lame en acier finement gravé. Fourreau en cuir noir, terminé par une tête de chimère en argent ciselé.

22 — Yatagan algérien. Manche en corne brune. Monture en argent. Fourreau en cuir rouge brodé d'or.

23 — Yatagan algérien. Manche en corne blonde. Monture en cuivre. Fourreau et ceinturon en cuir rouge tressé.

24 — Sabre kabyle à lame large. Monture en cuivre. Fourreau en cuir noir.

25 — Flissah bougiote. Lame gravée et incrustée de cuivre.

26 — Sabre malais. Manche en os sculpté. Fourreau en bois curieusement gravé.

27 — Kriss malais. Lame flamboyante alternée en bandes horizontales de damas noir et gris. Poignée et fourreau en bois de gaïac.

28 — Kriss malais. Lame flamboyante en damas grossier. Manche sculpté et fourreau en bois de gaïac couvert en cuivre. Virole du manche en métal doré et d'un travail curieux.

29 — Kriss malais. Lame courbe. Manche et fourreau en bois de fer sculpté.

30 — Kriss malais. Lame droite. Manche en corne. Fourreau en ébène et en ivoire, orné d'une tresse de soie rouge.

31 — Bouclier indien en cuir et en fer.

32 — Couteau albanais. Manche en os incrusté de cuivre. Fourreau en cuir noir.

33 — Petit couteau de même fabrique avec son fourreau semblable.

34 — Couteau de la même fabrique. Manche en corne noire.

35 — Couteau de la même fabrique. Manche en os et en ébène. Fourreau en cuivre repoussé.

36 — Stylet corse. Manche côtelé en ivoire et en ébène. Fourreau garni de cuivre.

37 — Épée du xve siècle, lame large marquée d'un animal courant. Garde repercée à jour.

38 — Épée de duel du xvie siècle. Lame étroite. Garde à ornements repercés à jour.

39 — Couteau de la même époque, avec stylet dans l'épaisseur de la lame et manche en cuivre gravé.

40 — Paire de pistolets du xviie siècle. Crosses en cuivre ciselé.

41 — Couteau japonais contenu dans une gaîne en forme d'éventail en bois. Ganse en soie bleue terminée par une boule en verre bariolée.

42 — Deux kamas ou poignards circassiens. Lames damasquinées d'or. Manches en os. Fourreaux en velours bleu.

BRONZES ET CUIVRES GRAVÉS

43 — Deux grands flambeaux de forme cylindrique à deux anses, en cuivre gravé à figures et ornements.

44 — Deux flambeaux analogues à ceux qui précèdent, plus petits et sans anses.

45 — Deux flambeaux de même style, mais à décor plus large.

46 — Deux flambeaux à larges plateaux, tige mince, et collerette repercée à jour. Ils sont décorés de figures, d'animaux et d'inscriptions.

47 — Trois flambeaux de même forme et de travail analogue.

48 — Deux autres flambeaux de même style.

49 — Flambeau analogue en cuivre étamé.

50 — Deux flambeaux bas à plateaux larges en cuivre jaune gravé à figures.

51 — Deux flambeaux analogues, mais en cuivre rouge.

52 — Deux autres flambeaux en cuivre rouge, en deux modèles.

53 — Deux vases à couvercle et à anse mobile en cuivre jaune gravé à figures et ornements.

54 — Deux petits vases en deux dimensions, à panse ovoïde et couvercle monté sur pivot.

55 — Vase forme bouteille en cuivre gravé à figures et ornements.

56 — Vase forme balustre à gorge évasée en cuivre jaune gravé à figures et ornements.

57 — Buire avec bassin en cuivre jaune gravé à figures, fleurs et ornements. Le bassin n'a pas de grille.

58 — Bouilloire à long manche en cuivre jaune gravé à figures et ornements. Le couvercle est découpé à jour.

59 — Cinq porte-tasses en cuivre jaune gravé à figures et ornements.

60-64 — Dix flacons de kalians en cuivre gravé à ornements et figures. Ils seront vendus par deux.

65 — Buire à panse ovoïde en cuivre jaune gravé à figures, ornements et inscriptions.

66 — Petite buire à panse aplatie en bronze gravé à fleurs et oiseaux et portant des inscriptions.

67 — Vase à panse sphérique et goulot droit en métal incrusté d'or et d'argent.

68 — Trois pièces : petite coupe en cuivre gravé et étamé et flacon et tasse en métal incrusté.

69 — Vase reposant sur un large plateau rond en cuivre jaune gravé à figures et ornements.

70 — Boîte ronde à couvercle en métal incrusté d'argent.

71 — Deux buires et leurs bassins à laver en cuivre gravé, couverts de figures et d'entrelacs.

72 — Buire avec bassin analogue aux pièces qui précèdent. Le bassin est plus large et moins profond.

73 — Autre buire analogue.

74 — Buire à panse piriforme et à anse enroulée ornée de deux têtes d'animaux ; elle est couverte de fleurettes et de palmettes gravées. Le bassin plat est garni d'une grille découpée à jour.

75 — Deux vases de forme surbaissée à couvercle en cuivre finement gravé à figures, ornements et inscriptions. Les couvercles sont repercés à jour.

76 — Deux vases analogues à ceux qui précèdent, mais plus petits.

77 — Deux vases à panse sphérique et goulot droit, avec
couvercles, en cuivre gravé à figures, animaux, fleurs
et ornements.

78 — Coupe ronde à couvercle en dôme, en cuivre gravé à
figures et ornements.

79 — Petite coupe ronde en cuivre gravé à figures et ornements.

80 — Bassin rond gravé à rosaces, ornements et inscriptions.

81 — Deux très-petites coupes rondes en cuivre gravé à
figures et ornements.

82 — Deux vases à goulots étroits décorés de même.

83 — Deux vases de forme cylindrique à couvercle en
cuivre gravé à figures et ornements.

84 — Trois petits plateaux ronds en cuivre gravé ; l'un
d'eux porte des traces d'incrustations d'argent.

85 — Coupe ronde reposant sur trois pieds de forme cu-
rieuse, en bronze gravé.

86 — Grande coupe ronde sur piédouche bas en cuivre
gravé et étamé ; elle est décorée de rinceaux, d'animaux et d'inscriptions.

87 — Buire en cuivre gravé à figures et ornements.

88 — Très-grand plateau rond à bord très-étroit en cuivre jaune gravé à figures, cavaliers et ornements.

89 — Deux petits bassins ronds en cuivre gravé à figures et ornements.

90 — Trois petites boîtes, dont deux rondes et plates et l'autre pour peigne, en cuivre gravé à figures et ornements.

91 — Deux pièces : petit bassin et petit vase en cuivre gravé à figures.

92 — Trois petites boîtes rondes : une en cuivre jaune découpé à jour, une en cuivre étamé et la dernière en métal incrusté.

93 — Kalian en métal incrusté d'argent.

94 — Autre kalian en bronze avec garnitures en argent incrusté de turquoises.

95 — Flacon de Kalian en faïence à décor bleu sur blanc, garni en cuivre gravé.

96 — Treize têtes de kalians en cuivre gravé ; quelques-unes incrustées de turquoises. Ce lot sera divisé.

OBJETS VARIÉS

97 — Deux bracelets composés de trois plaques d'agate, montées en argent et entourées de turquoises.

98 — Deux pièces en damas repercé à jour, dont une plaque, forme rosace, portant quatre lignes d'inscriptions.

99 — Instrument de musique en marqueterie de Chiraz.

100 — Cadre en marqueterie de Chiraz.

101 — Boîte ronde à couvercle bombé en bois peint, ouvrant à secret.

102 — Plateau à lobes en ancienne porcelaine de Chine, décoré de fleurs et d'ornements émaillés en couleurs.

103 — Coffret chinois en bois de santal, sculpté à paysages figures et ornements.

104 — Petite boîte indienne, en bois de santal sculpté à fleurs et oiseaux, avec encadrements en marqueterie de Bombay.

105 — Petite machine à compter en ivoire, et flacon d'essence de menthe.

106 — Boîte rectangulaire de Boukhara en fer, décorée d'ornements et d'inscriptions argentés.

107 — Corbeille de derviche en damas, à ornements ciselés.

108 — Deux bouquins de pipes turques en ambre, montés en or et garnis de roses.

TAPIS ET ÉTOFFES

109 — Tapis de Perse de 4ᵐ 25 de long. sur 3ᵐ 15 de larg.

110-113 — Quatre tapis de Perse plus petits. Ils seront vendus séparément.

114 — Petit tapis de soie rayée, broché or, du Kurdistan.

115 — Manteau persan (dit Aba), en soie verte moirée, broché d'or.

116 — Manteau en cachemire blanc brodé.

117 — Deux châles de Kirman.

118 — Un châle de l'Inde ancien.

119 — Tapis de Rescht brodé, de forme carré long.

120 — Autre tapis de Rescht brodé, de forme ronde.

121 — Garniture de fauteuil en broderies de Rescht, composée de deux pièces.

122 — Deux dessus de chaise en broderie de Rescht.

123 — Six foulards de l'Inde.

124 — Robe indienne brochée or sur fond bleu.

125 — Ecran formé d'un morceau de tapisserie à la main.

126 — Coussin de même travail.

127 — Tapis de Rescht finement brodé.

128 — Deux portières persanes veloutées.

129 — Grande portière à fond jaune.

130 — Dix dessus de chaises en drap brodé à fleurs et ornements.

131-134. Quatorze rideaux en étoffe de Perse, décorés de fleurs. Ils seront vendus par paires ou par dessins.